Excel dévoilé

(La méthode Ockham)

Pascal Gauthier

Excel dévoilé

FSC
www.fsc.org
MIXTE
Papier issu
de sources
responsables
Paper from
responsible sources
FSC® C105338

Éditeur : BoD-Books on Demand
12-14 rond-point des Champs-Élysées, 75008 Paris
Impression : Books on Demand, Norderstedt, Allemagne

ISBN : 978-2-3222-5783-6
Dépôt légal : Novembre 2020

1 Avant-propos

Le métier de formateur est très certainement, avec tous ceux liés à l'apprentissage, le plus gratifiant, mais également celui où les phrases toutes faites, les a priori, les on-dit, les légendes urbaines sont les plus nombreux.

Pour être bon sur Excel, il faut être bon en mathématiques.
Si tu ne pratiques pas tu ne retiens pas.
C'est quand même plus facile pour les jeunes.

Je pourrais vous en citer encore de nombreuses du même genre.
Plus que ces idées reçues, ce sont les demandes de mes stagiaires qui m'ont motivé à écrire ce livre.

Pour élaborer ma méthode d'apprentissage, j'ai allié deux passions : le développement informatique et la philosophie.
La première m'a permis de comprendre comment les logiciels de bureautique fonctionnent et la seconde comment les stagiaires fonctionnent.

Fonctionnement de la bureautique

La bureautique est souvent comparée à une boîte à outils ; ce n'est pas exactement le cas.
Si nous souhaitons rester sur le langage du bâtiment : il y a l'outil, l'ouvrier et le maître d'œuvre.
Excel, **Word** et **PowerPoint** sont à la fois les outils et les ouvriers, l'utilisateur n'est que le maître d'œuvre.

Fonctionnement du stagiaire

Pour comprendre la manière de penser des stagiaires, j'ai fait mienne la devise de Guillaume d'Ockham[1] : « Pluralitas non est ponenda sine necessitate » (*les multiples ne doivent pas être utilisés sans nécessité*). Dans le langage courant, nous appelons cela la légende du rasoir d'Ockham et nous le formulons par : **Pourquoi faire compliqué quand on peut faire simple ?**

Et le drame, c'est que l'être humain normalement constitué, et encore plus lorsqu'il est sous pression, a fait sienne cette doctrine mais dans l'autre sens : **Pourquoi faire simple quand on peut faire compliqué ?**

Afin de vous ramener sur le bon chemin, celui de la **simplicité**, j'ai élaboré une méthode d'utilisation des logiciels de bureautique que j'ai appelé, tout naturellement, la **méthode Ockham**.

Pour cela, il va falloir oublier beaucoup de nos mauvaise habitudes, réapprendre les essentiels (Sélections, Pointeurs, …). Et finalement nous pourrons mieux appréhender tous les processus de fabrication (Tableau, Graphique, …) tels de bons maîtres d'œuvre.

---

[1] Philosophe et théologien du XIVème siècle

2 Utilisation du livre (Processus)

2.1 Introduction

Ce livre est présenté comme un Manuel d'Assurance Qualité[2], c'est-à-dire que toutes les étapes d'utilisation du logiciel sont rangées et référencées afin de les retrouver rapidement.

Le schéma d'utilisation est basé sur cette pyramide.

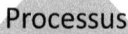

Processus : représente l'utilisation d'Excel de façon globale (*Cf. Chapitre 2.2*).

Procédures : représentent le déroulé de chacune des étapes du Processus (*Cf. Chapitre 3*).

Modes Opératoires et **Instructions** : représentent la manière de faire chaque déroulé des procédures (*Cf. Chapitre 4*).

Afin de mettre en pratique les différentes procédures, modes opératoires et instructions, un chapitre est consacré à la manipulation (*Cf. Chapitre 5*).

---

[2] Document énonçant la politique qualité et décrivant l'ensemble des procédures et autres composants organisationnels du système qualité d'un organisme.

2.2 Le Processus Excel

Excel est un logiciel de type **Tableur**, l'idée est la comparaison de plusieurs données, afin d'en réaliser des calculs ou des analyses au travers de **formules**, **graphiques** ou autres **Tableaux Croisés Dynamiques**. Le schéma du processus général proposé ci-dessous doit nous permettre d'aller directement à la bonne procédure (ex : PRD002 Les Formules).

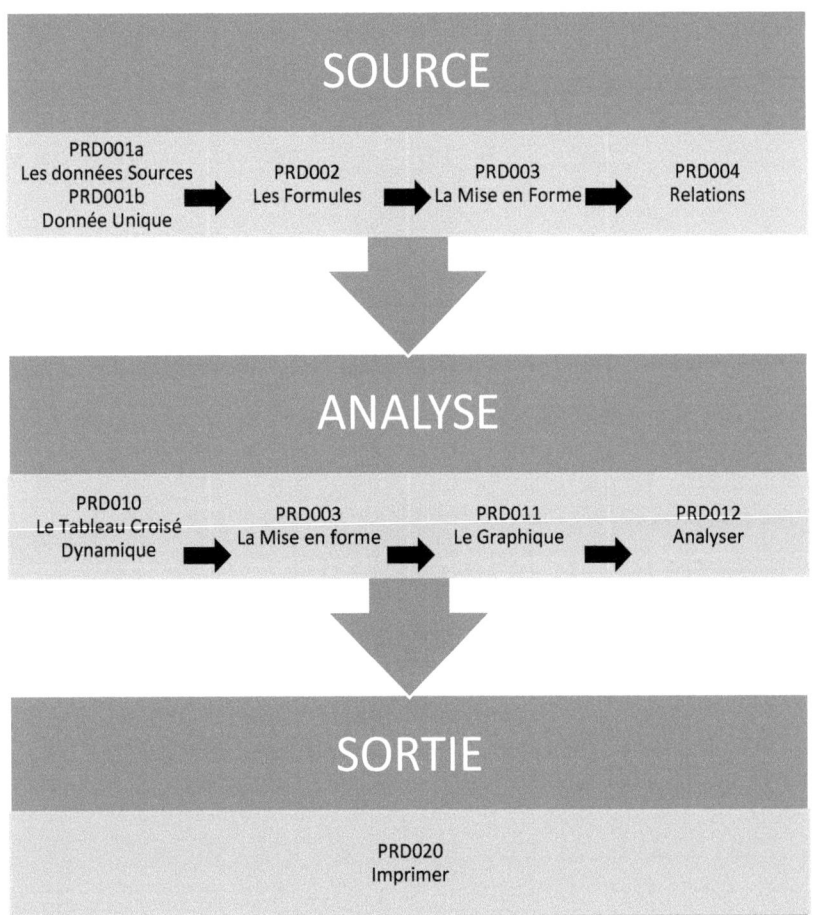

3 Les Procédures

3.1 Introduction

Nous avons vu au chapitre précédent l'ensemble du processus d'utilisation d'Excel dans lequel était présentée chacune des procédures expliquées dans ce chapitre.

Ici, les schémas proposés sont un ensemble d'étapes à suivre pour obtenir le résultat optimum. Dès que l'étape est représentée comme cet exemple, il s'agit d'un mode opératoire, et l'avantage des logiciels de Microsoft, c'est qu'il n'en existe qu'un, utilisable pour n'importe quelle action

Transformer en *Tableau*

(*Cf. chapitre 4*). Il pourra également s'agir d'une instruction qui sera aussi décrite dans le même chapitre.

Afin d'être à même de comprendre tous les termes employés, les mots qui apparaitront ***en italique et en gras*** feront l'objet d'une définition dans le Glossaire (*Cf. Chapitre 6*).

3.2   PRD001a : Les données Sources

Nous parlons ici, des données permettant la construction du futur *Tableau*.

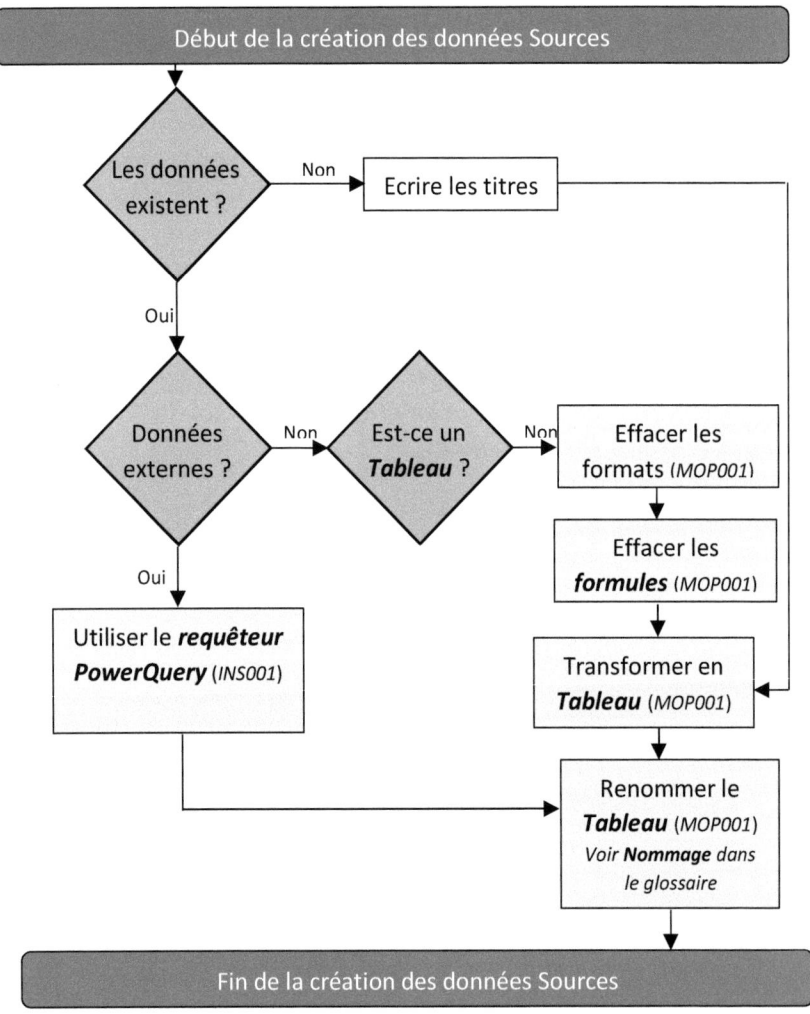

3.3   PRD001b : Donnée Unique

Nous parlons ici, des données isolées telles que des coefficients, taux, ou similaires.

L'intérêt de cette procédure est de prévoir, en amont, l'utilisation de cette donnée unique dans une **formule**. Et ainsi anticiper qu'elle devrait être en mode **absolu** et non **relatif** dans la dite formule.

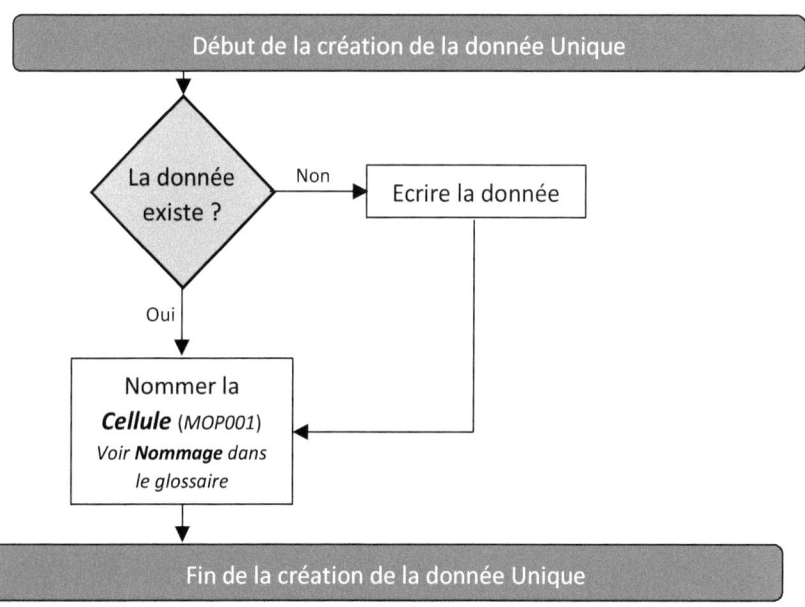

3.4 PRD002 : Les Formules

Si l'une des valeurs intervenant dans la formule est isolée elle doit passer par la procédure PRD001b, dans un premier temps.

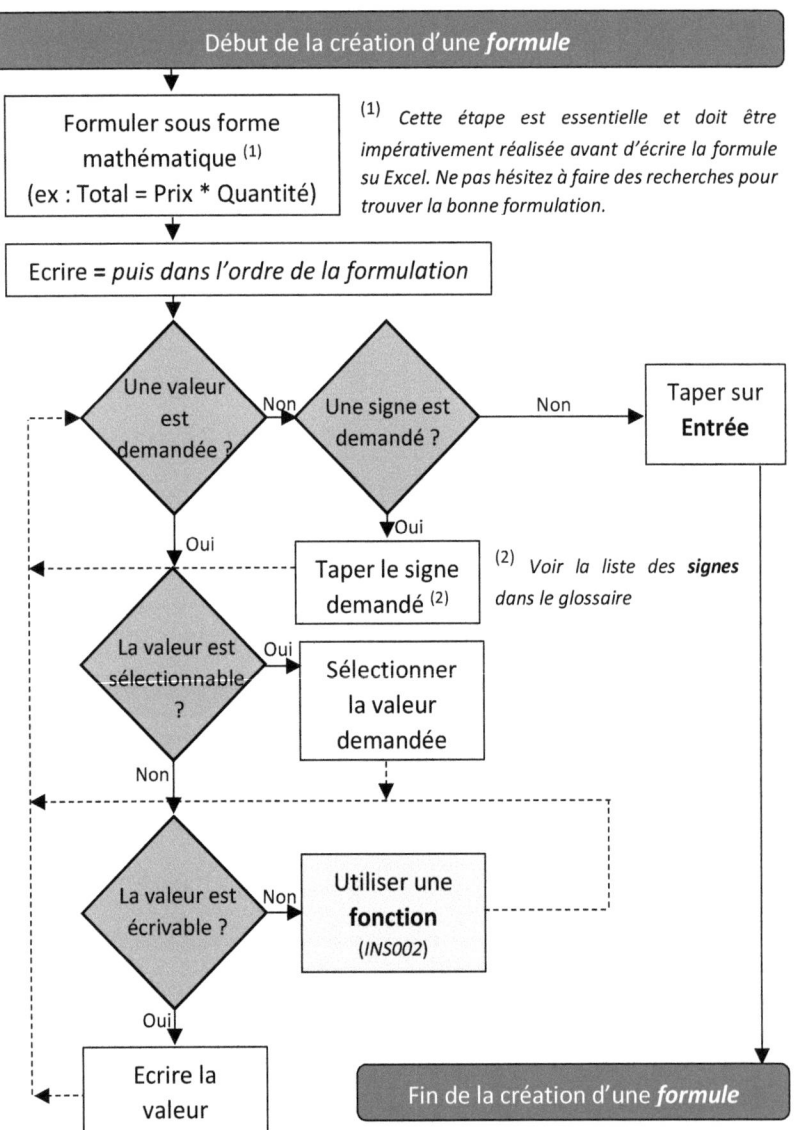

3.5 PRD003 : La mise en forme

S'il s'agit d'une **plage** ou d'une valeur isolée, il faut utiliser la procédure PRD001a ou PRD001b, dans un premier temps.

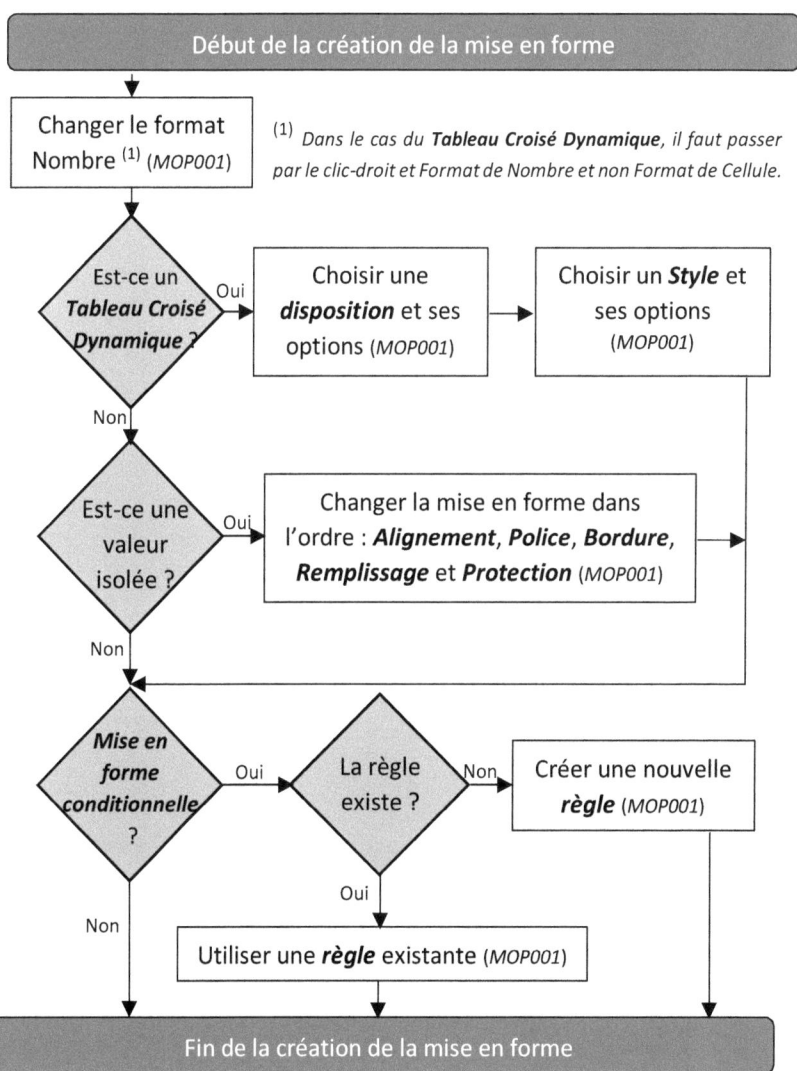

3.6 PRD004 : Relations

Cette notion est apparue avec la version 2013. Le principe est de relier entre eux des **Tableaux** afin de pouvoir réaliser des **Tableaux Croisés Dynamiques** avec plusieurs sources.

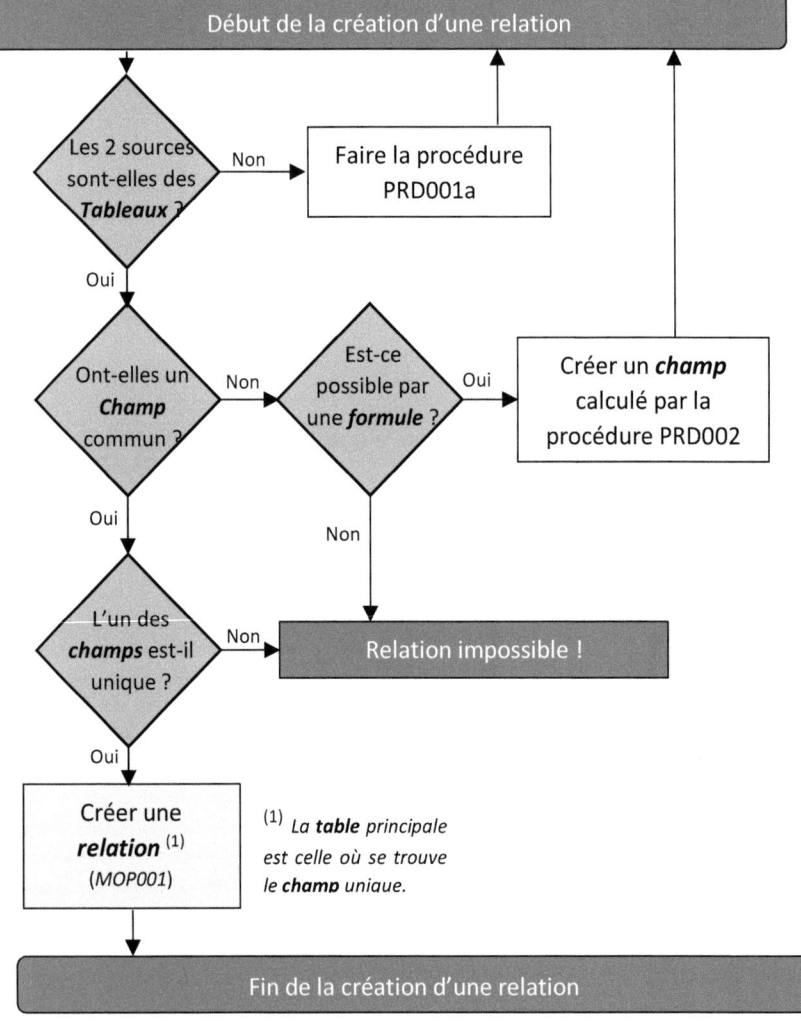

Début de la création d'une relation

Les 2 sources sont-elles des **Tableaux** ?

Non → Faire la procédure PRD001a

Oui

Ont-elles un **Champ** commun ?

Non → Est-ce possible par une **formule** ?

Oui → Créer un **champ** calculé par la procédure PRD002

Oui

Non

L'un des **champs** est-il unique ?

Non → Relation impossible !

Oui

Créer une **relation** [1] (MOP001)

[1] La **table** principale est celle où se trouve le **champ** unique.

Fin de la création d'une relation

3.7   PRD010 : Le Tableau Croisé Dynamique

La source doit avoir été créée au préalable par la procédure PRD001a et PRD004, s'il y en a plusieurs.

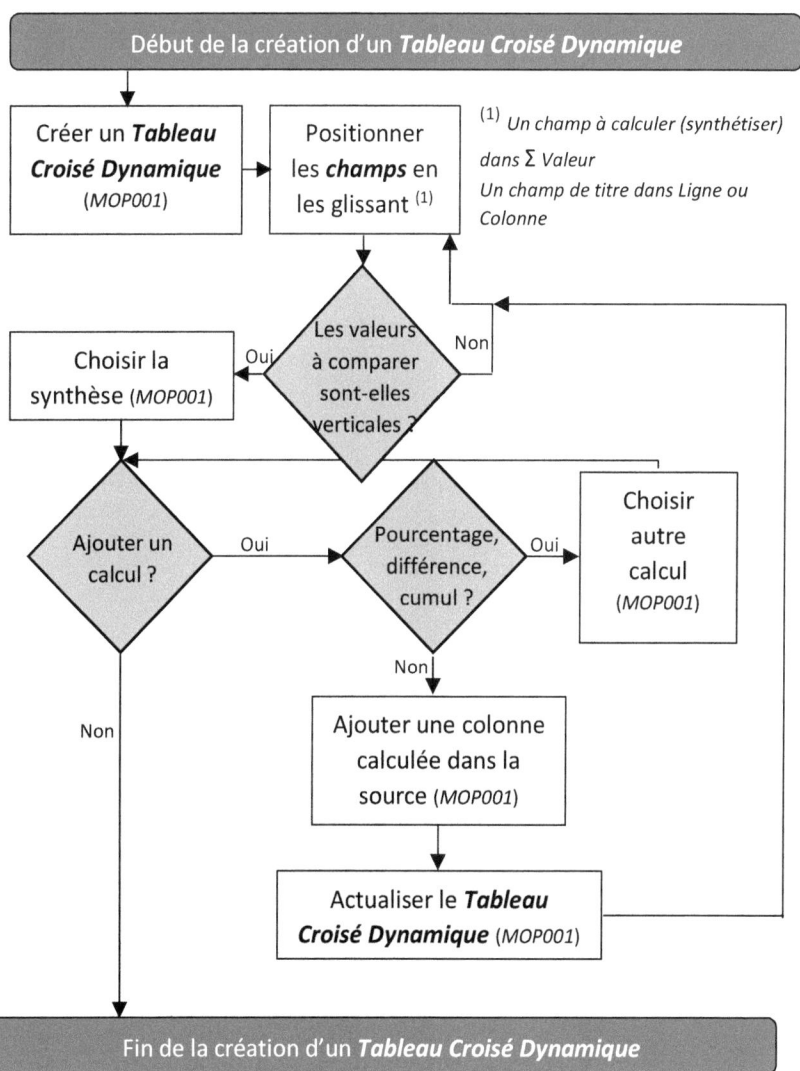

3.8 PRD011 : Le Graphique

La source doit être de forme **Tableau** ou **Tableau Croisé Dynamique**.

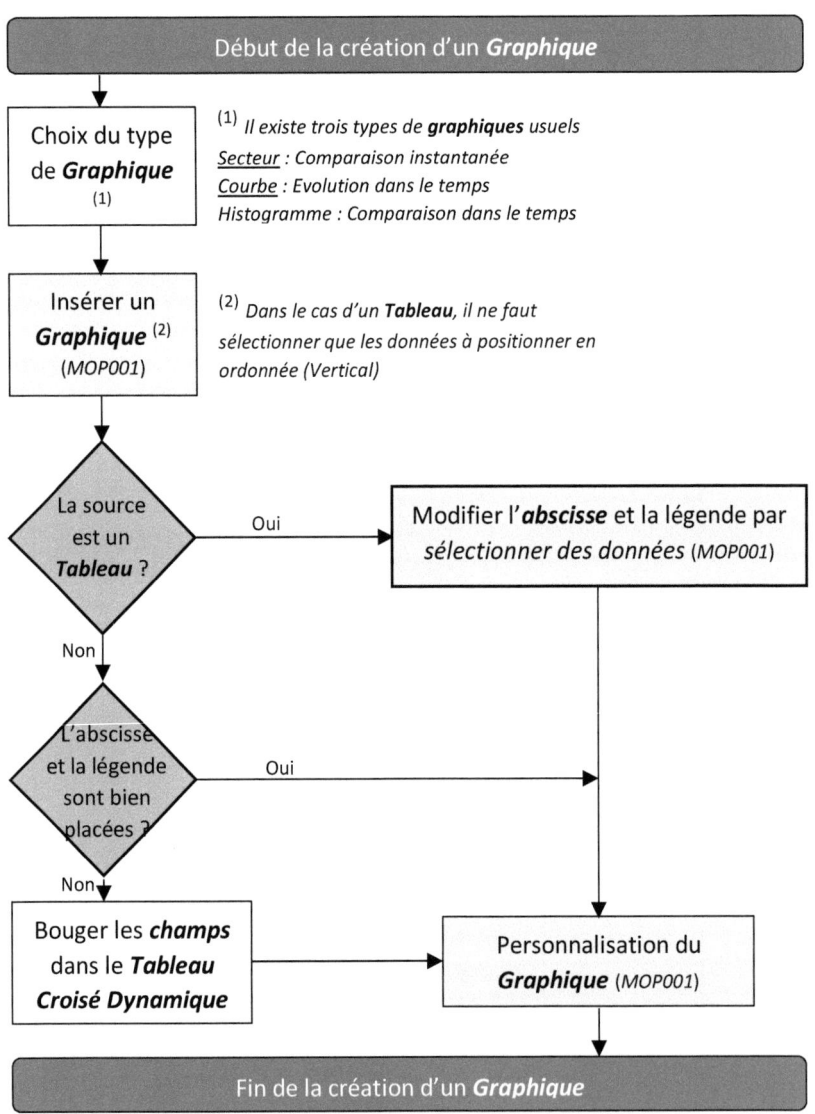

3.9   PRD012 : Analyser

La source doit être de forme **Tableau** ou **Tableau Croisé Dynamique**.

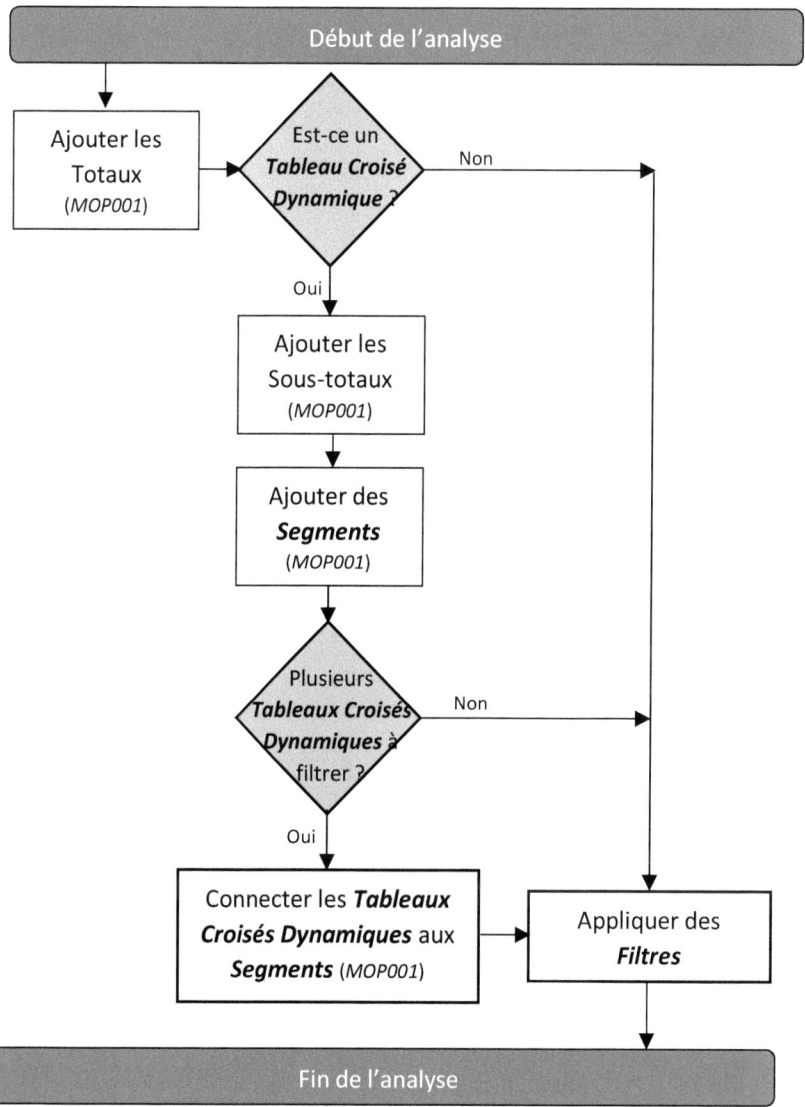

3.10 PRD020 : Impression

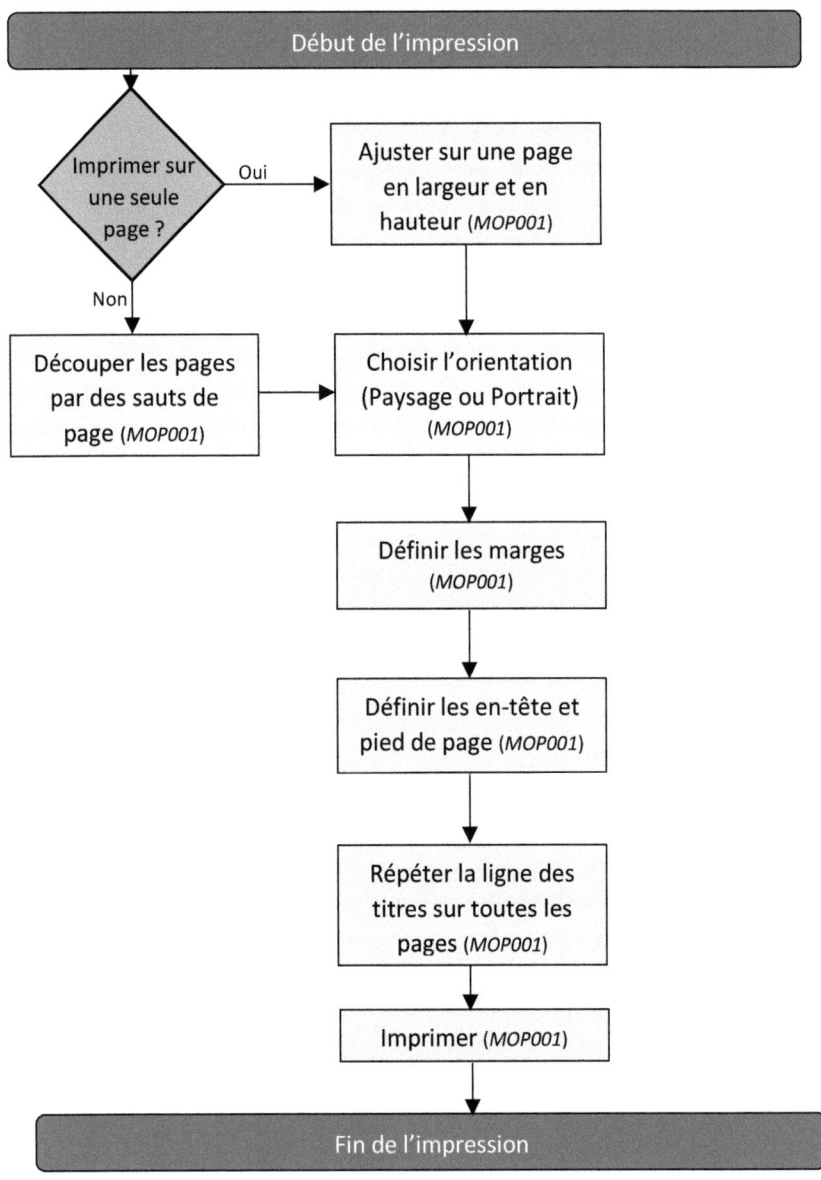

4 Le mode opératoire et les Instructions

4.1 Introduction

Le mode opératoire décrit la manière de faire les différentes étapes. Et l'avantage de la *méthode Ockham,* c'est qu'il n'existe qu'un mode opératoire en bureautique, aussi bien pour les étapes des procédures décrites au chapitre précédent, que celles de personnalisation, non décrites (puisque personnelles).

Les instructions décrivent les étapes conseillées pour une action précise.

4.2   Mode opératoire (MOP001)

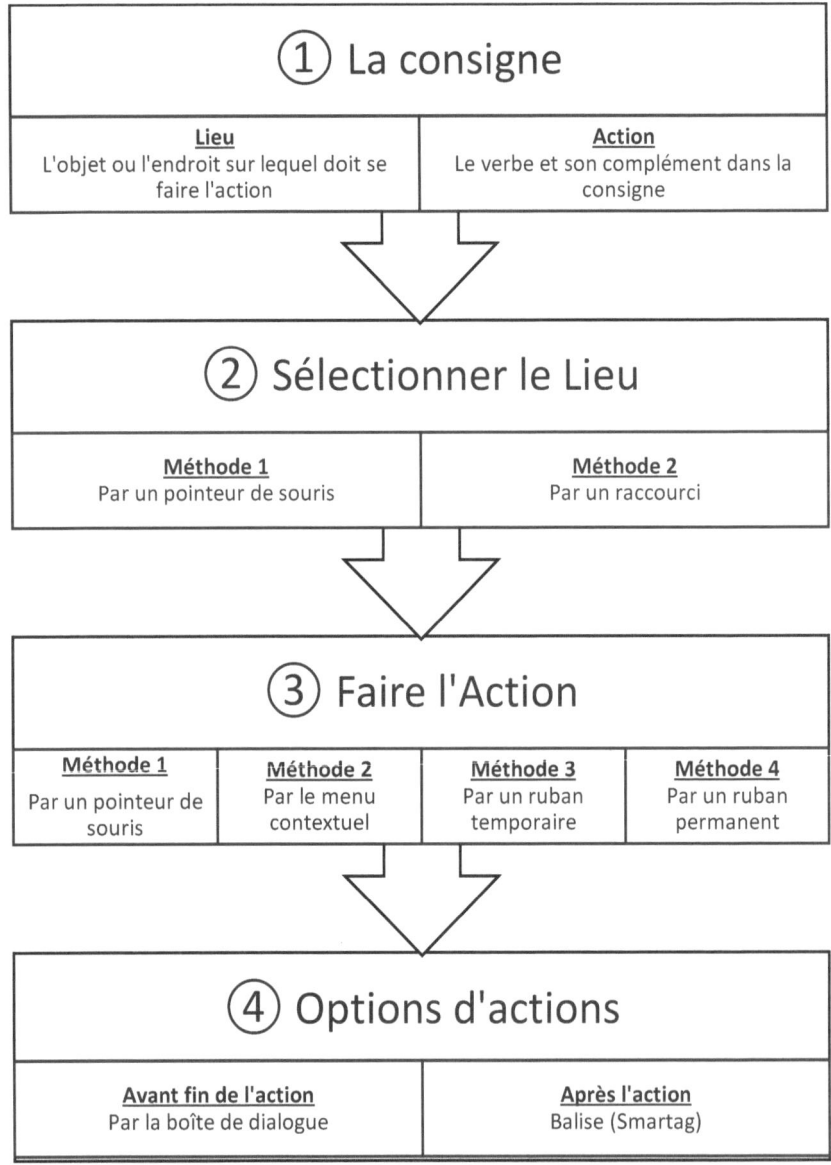

① La consigne

Lieu	Action
L'objet ou l'endroit sur lequel doit se faire l'action	Le verbe et son complément dans la consigne

② Sélectionner le Lieu

Méthode 1	Méthode 2
Par un pointeur de souris	Par un raccourci

③ Faire l'Action

Méthode 1	Méthode 2	Méthode 3	Méthode 4
Par un pointeur de souris	Par le menu contextuel	Par un ruban temporaire	Par un ruban permanent

④ Options d'actions

Avant fin de l'action	Après l'action
Par la boîte de dialogue	Balise (Smartag)

4.2.1 La consigne

L'idée de base est très simple : **Faire ce que nous disons**.

Pour illustrer le propos, utilisons la métaphore du *bricoleur* : « Vous êtes le roi du tournevis, vous savez visser et dévisser n'importe quoi avec une grande facilité. Et maintenant, on vous demande de planter un clou dans ce mur. La bonne consigne est : *planter un clou dans ce mur*. Malheureusement la consigne se transforme au moment de la réaliser et devient : *Planter un clou AVEC MON TOURNEVIS dans ce mur*. »

Voici les deux raisons pour lesquelles la consigne a été reformulée :

- Cela nous rassure d'utiliser un outil que nous maitrisons, même s'il n'est pas fait pour ce qui est demandé.
- Nous partons du principe, inconsciemment, que l'action demandée dans la consigne n'existe pas, puisque je ne l'ai jamais fait.

4.2.2 Sélectionner le Lieu

<u>Rappel</u>

Sélection contiguë et **discontiguë**

Contiguë se dit lorsque les objets sélectionnés se touchent.

Discontiguë se dit lorsque les objets sélectionnés ne se touchent pas et se pratique en maintenant la touche **Ctrl** enfoncée.

4.2.2.1 Méthode 1 : Par un pointeur de souris

Il s'agit du curseur qui permet de repérer la souris sur l'écran. Celui visible le plus souvent sur Excel étant ✚

Pointeur	Lieu	Clic-gauche	Clic-gauche+ mouvement	Double-clic-gauche
I	Dans une cellule	Rien	Sélection de caractères	Sélection mot
✛	Contour sélection	Rien	Déplace la sélection	Sélectionne la dernière cellule
✚	Sur la cellule	Sélection de la cellule	Sélection de plusieurs cellules	Entrée dans la cellule
⬇	Titre de **Tableau**	Sélection de la colonne	Sélection de plusieurs colonnes	Sélection colonne + titre
➡	Gauche ligne de **Tableau**	Sélection de la ligne	Sélection de plusieurs lignes	Rien
➘	Haut gauche du **Tableau**	Sélection de la **matrice**	A ne pas faire !	Sélection du **Tableau**

4.2.2.2 Méthode 2 : Par un raccourci

Le principe des sélections par raccourci, est de ne jamais se préoccuper de la taille de la sélection ; nombre de cellules, nombre de colonnes ou nombre de lignes.

Plage compète : Se positionner sur n'importe quelle cellule de la **plage**, puis Ctrl + * (*étoile*)

1 ligne de plage : Se positionner à l'une des extrémités de la ligne, puis Ctrl + Shift + → (ou ←)

1 colonne de plage : Se positionner à l'une des extrémités de la colonne, puis Ctrl + Shift + ↓ (ou ↑)

4.2.3   Faire l'Action

4.2.3.1   *Méthode 1 : par un pointeur de souris*

Pointeur	Lieu	Clic-gauche	Clic-gauche+ mouvement	Double-clic-gauche
✚	En bas à droite de la cellule	Rien	Recopie dans la direction choisie	Recopie jusqu'en bas de la colonne
⬍	Entre 2 colonnes de feuille	Rien	Change la largeur de la colonne	Ajuste la taille de la colonne automatiquement
⬍	Entre 2 lignes de feuille	Rien	Change la hauteur de la ligne	Ajuste la taille de la ligne automatiquement
⬈	Sur les angles des objets	Rien	Change la taille	Rien

4.2.3.2   *Méthode 2 : Par le menu contextuel*

Il s'agit du menu qui apparait lorsque nous faisons clic-droit. Il se nomme ainsi parce que les actions qu'il propose sont en fonction du contexte – de l'endroit où le clic-droit a été réalisé - dit autrement « *je vois apparaitre les seules actions que je peux réaliser sur l'objet, ou le lieu, sur lequel j'ai positionné mon pointeur de souris* ».

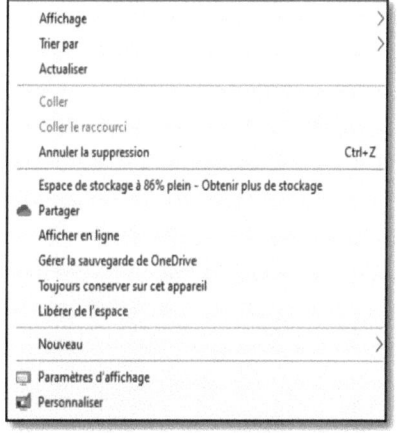

4.2.3.3   *Méthode 3 : Par un ruban temporaire*

Parfois, lorsque nous sommes sur un nouvel objet (*souvent ajouter par le ruban Insertion*), un ou plusieurs nouveaux rubans apparaissent. Ils sont donc nommés ainsi car ils n'apparaissent que lorsque je suis sur un objet précis. Nous y retrouvons donc uniquement des actions liées à l'objet sur lequel nous sommes.

Il s'agit clairement d'un complément naturel au menu contextuel.

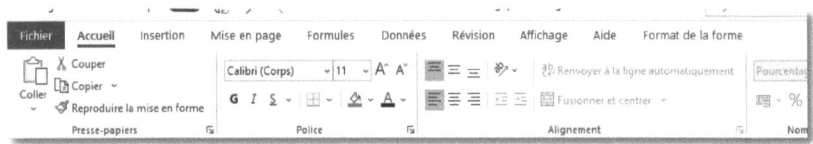

Ces rubans temporaires apparaissent systématiquement à la droite des rubans permanents, dans l'exemple ci-dessus, une forme a été insérée et automatiquement le ruban « Format de la forme » est apparu.

4.2.3.4   Méthode 4 : Par un ruban permanent
Ils sont accessibles par leur onglet (*Leur nom*).

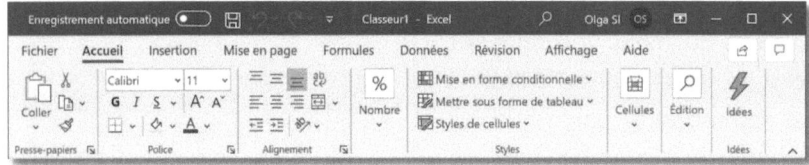

La plupart des rubans sont communs aux trois logiciels de bureautique et certains spécifiques **: Fichier – Accueil – insertion – Mise en Page – Formules – Données – Révision – Affichage – Aide**
Chaque ruban a sa fonctionnalité propre.

Fichier : Accès aux actions pas directement liées au contenu du document, exemple : Imprimer.

Accueil : Le seul dont le nom n'est pas explicite, il aurait dû s'appeler « *Mise en forme* ».

Insertion : Il permet d'ajouter tout type d'objet sur le document : Image, Graphique, Tableau, …

Mise en page : Comme son nom l'indique, il permet de retrouver tous les fonctionnalités de Mise en page.

<u>Formules</u> : Nous y retrouvons tout ce qui concerne aussi bien les formules que les fonctions.

<u>Données</u> : Dès que les données sont présentes, ce ruban nous permet de les filtrer, trier, analyser ...

<u>Révision</u> : Son rôle est la correction du document ; soit sous l'aspect orthographe, grammaire ; soit sous l'aspect collaboratif, chacun pouvant apporter des modifications sur un document commun par des annotations.

<u>Affichage</u> : C'est par ce menu qu'il est possible de modifier l'affichage de l'environnement de l'application : Zoomer, afficher différemment, ajouter ou supprimer des éléments visuels.

<u>Aide</u> : Comme son nom l'indique, il permet d'accéder à l'aide de l'application.

4.2.4 Options d'Actions

Chaque action choisie peut avoir une possibilité de demande d'option **avant** ou **après** la dite action, nous permettant d'aller plus loin ou d'être plus précis.

4.2.4.1 *Avant fin de l'action : Boîte de dialogue*

Elle apparait après la demande d'une action, il s'agit d'une petite fenêtre dans laquelle il nous est demandé de choisir parmi des options. Elle permet de préciser une action **a priori**. Il est possible de savoir par avance si une boîte de dialogue existe, simplement parce que le nom de l'action demandée se termine par 3 petits points (…).

4.2.4.2 *Après l'action : Balise (Smartag)*

Cet outil est peu utilisé mais fort pratique. La plus connue est très certainement la petite vague rouge qui apparait lorsque nous faisons une faute d'orthographe. Elles permettent de modifier une action **a posteriori**.

Le plus souvent ces balises apparaissent sous la forme d'une icône et un cliquant sur cette dernière des options nous sont proposées.

<u>Exemple</u> : après un copier / coller, cette icone apparait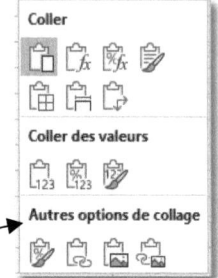

En cliquant dessus, ce menu apparait et vous laisse la possibilité de choisir un collage spécial.

4.3 INS001 : Utilisation du requêteur PowerQuery

Cette instruction décrit l'ordre dans lequel les actions doivent être réalisées, elles ne sont pas toutes obligatoires.

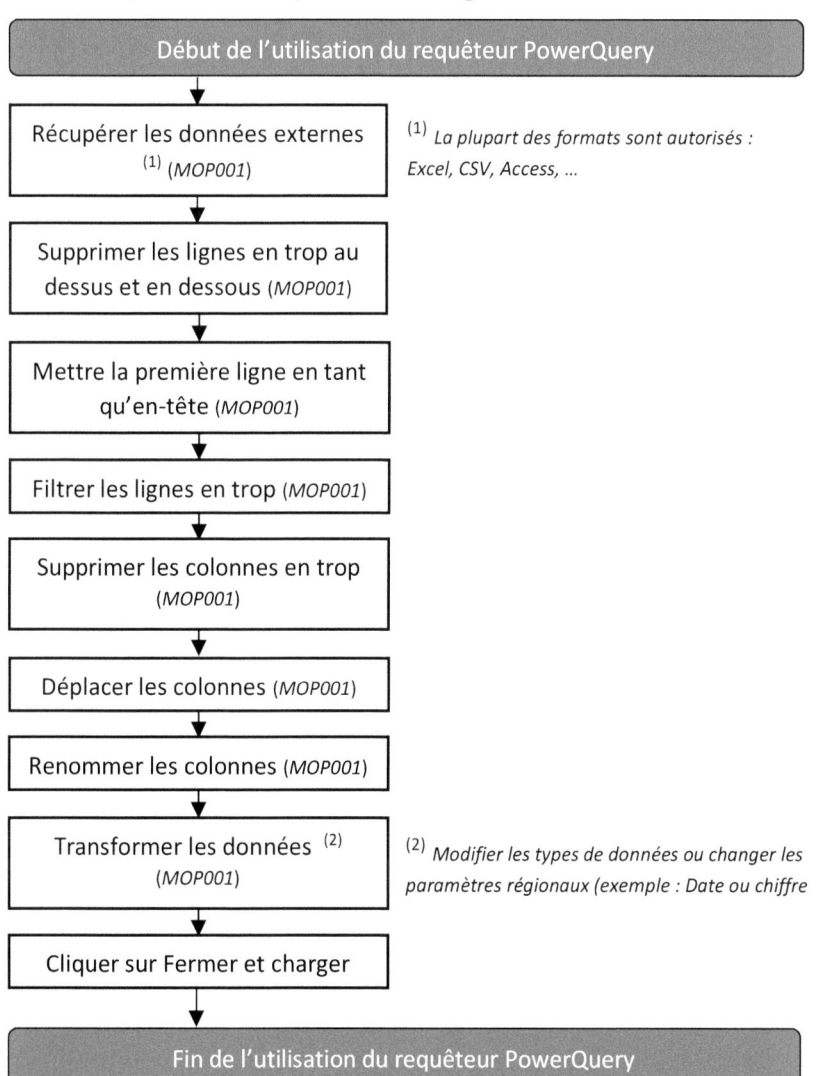

Début de l'utilisation du requêteur PowerQuery

Récupérer les données externes [1] (MOP001)

[1] *La plupart des formats sont autorisés : Excel, CSV, Access, ...*

Supprimer les lignes en trop au dessus et en dessous (MOP001)

Mettre la première ligne en tant qu'en-tête (MOP001)

Filtrer les lignes en trop (MOP001)

Supprimer les colonnes en trop (MOP001)

Déplacer les colonnes (MOP001)

Renommer les colonnes (MOP001)

Transformer les données [2] (MOP001)

[2] *Modifier les types de données ou changer les paramètres régionaux (exemple : Date ou chiffre*

Cliquer sur Fermer et charger

Fin de l'utilisation du requêteur PowerQuery

4.4 INS002 : Retrouver une fonction

Cette instruction décrit la manière de retrouver n'importe quelle fonction.

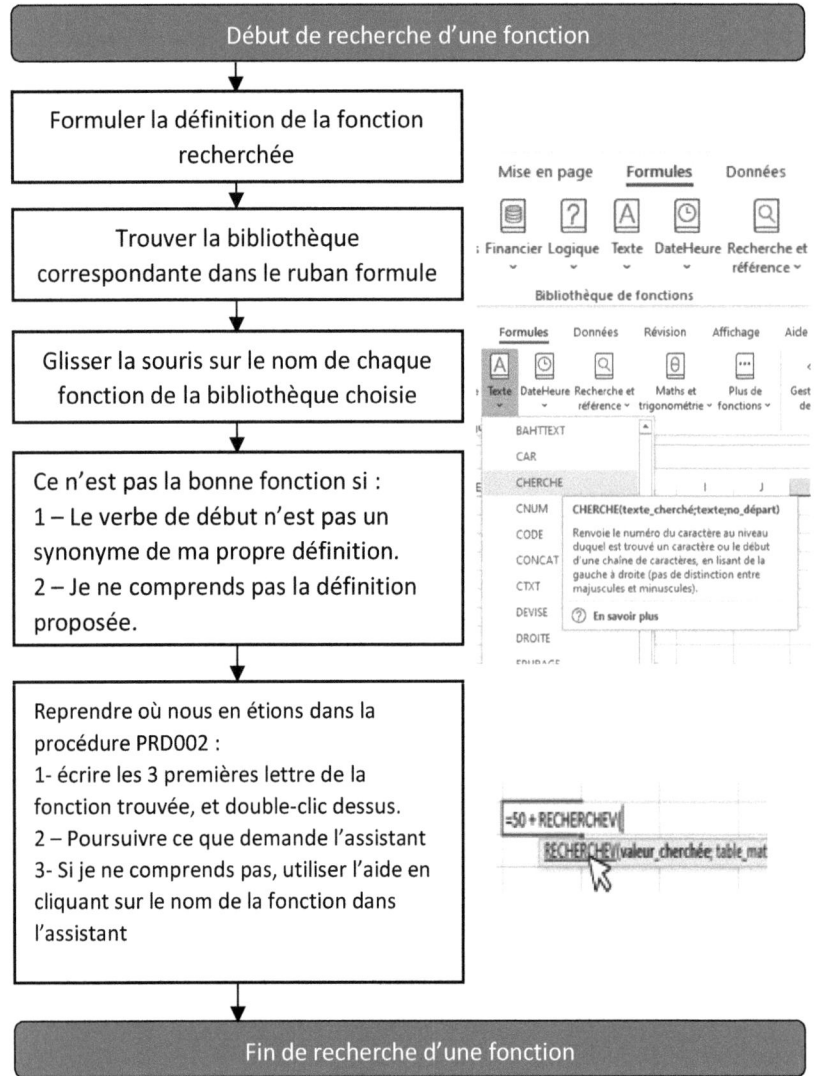

5   Manipulations

5.1 Création d'une nouvelle source

Demande : Créer une nouvelle source avec trois titres : Produit, Prix unitaire et Quantité.

Procédure : PRD001a – Les données sources
- ➢ Les données existent ? : Non → Ecrire les titres
- ➢ Transformer en *Tableau* (Mode opératoire : MOP001)
  - o (1) Consigne : Transformer en *Tableau* les titres
    - ▪ Lieu : Les titres
    - ▪ Action : Transformer en *Tableau*
  - o (2) Sélectionner le lieu : Les titres
    - ▪ Méthode 1 : Pointeur de souris ⊹
  - o (3) Faire l'action : Transformer en *Tableau*
    - ▪ Méthode 4 : Par le ruban permanent
      - • Accueil
      - • Mettre sous forme de *Tableau*
      - • Choix du *style*
  - o (4) Option d'action
    - ▪ Avant fin de l'action : Boîte de dialogue
      - • Cocher *Mon **Tableau** comporte des en-têtes*
- ➢ Renommer le *Tableau* (Mode opératoire : MOP001)
  - o (1) Consigne : Renommer le *Tableau*
    - ▪ Lieu : Le *Tableau*
    - ▪ Action : Renommer
  - o (2) Sélectionner le lieu : Le *Tableau*
    - ▪ Méthode 1 : Pointeur de souris ⊹
  - o (3) Faire l'action : Renommer
    - ▪ Méthode 3 : Par le ruban temporaire
      - • Outil de *Tableau* / Création
      - • Nom du *Tableau*

5.2 Récupérer une source externe

Préparation 1 : Créer un *Classeur* tel que décrit dans l'annexe BaseIncorrecte (*cf. 7.1.3*).

Préparation 2 : Créer un nouveau *Classeur* pour accueillir le résultat

Demande : Récupérer les données de BaseIncorrecte

Procédure : PRD001a – Les données sources
- ➢ Les données existent ? : Oui
- ➢ Données externes ? : Oui
- ➢ Utiliser le *requêteur PowerQuery* (INS001)

Instruction : INS001 – Utiliser le requêteur PowerQuery
- ➢ Récupérer les données externes (Mode opératoire : MOP001)
  - o (1) Consigne : Récupérer les données externes
    - ▪ Lieu : Aucun
    - ▪ Action : Récupérer les données externes
  - o (2) Sélectionner le lieu : Aucun
  - o (3) Faire l'action : Récupérer les données externes
    - ▪ Méthode 4 : Par le ruban permanent
      - • Données
      - • Obtenir les données
      - • A partir d'un classeur
  - o (4) Option d'action
    - ▪ Avant fin de l'action : Boîte de dialogue
      - • Choisir le *classeur* BaseIncorrecte
      - • Choisir la première *feuille*
      - • Cliquer sur **Modifier**
- ➢ Transformer les données (Mode opératoire : MOP001)
  - o (1) Consigne : Mettre les dates au type « Français »
    - ▪ Lieu : Les dates
    - ▪ Action : Mettre au type « Français »

- o (2) Sélectionner le lieu : Les dates
  - ▪ Méthode 1 : Pointeur de souris ✛
- o (3) Faire l'action : Mettre au type « Français »
  - ▪ Méthode 2 : Clic-droit
    - • Modifier le type
    - • Utilisation des paramètres régionaux
- o (4) Option d'action
  - ▪ Avant fin de l'action : Boîte de dialogue
    - • Choisir le Type : Date
    - • Choisir le paramètre régional : Anglais (Etats-Unis) (Il est bien demandé de choisir en fonction de l'origine et non la destination)
- ➢ Cliquer sur Fermer et Charger

Procédure : PRD001a – Les données sources
- ➢ Renommer le *Tableau* (Mode opératoire : MOP001)
  - o (1) Consigne : Renommer le *Tableau*
    - ▪ Lieu : Le *Tableau*
    - ▪ Action : Renommer
  - o (2) Sélectionner le lieu : Le *Tableau*
    - ▪ Méthode 1 : Pointeur de souris ✛
  - o (3) Faire l'action : Renommer
    - ▪ Méthode 3 : Par le ruban temporaire
      - • Outil de *Tableau* / Création
      - • Nom du *Tableau*

5.3   Ecrire une formule

Préparation :

- Ecrire en cellule de coordonnées B2 : Taux1, puis à côté : 20%
- Ecrire en cellule de coordonnées B3 : Taux2, puis à côté : 10%
- Ecrire à partir de la cellule de coordonnées B5 : Total HT, N° de Taux et Total TTC
- Sous le Total HT, écrire 3 nombres au hasard
- Sous le N° de Taux, écrire des 1 ou des 2 au hasard

Demande : Créer une nouvelle source

Procédure : PRD001b – Les données sources

➢ La donnée existe ? : Oui

➢ Nommer la *cellule* de coordonnées C2 (Mode opératoire : MOP001)

- (1) Consigne : Nommer la *cellule* de coordonnées C2
  - Lieu : La *cellule* de coordonnées C2
  - Action : Nommer
- (2) Sélectionner le lieu : La *cellule* de coordonnées C2
  - Méthode 1 : Pointeur de souris ✛
- (3) Faire l'action : Nommer
  - Méthode 2 : Clic-droit
    - Définir un nom
- (4) Option d'action
  - Avant fin de l'action : Boîte de dialogue
    - Nom : Laisser Taux1

➢ Nommer la *cellule* de coordonnées C3 (Mode opératoire : MOP001) : *Idem précédent*

Procédure : PRD001a – Les données sources

➢ Les données existent ? : Oui

➢ Données externes ? : Non

- ➢ Est-ce un *Tableau* ? : Non
- ➢ Transformer en *Tableau* (Mode opératoire : MOP001)
  - o <u>(1) Consigne</u> : Transformer en *Tableau* la *plage*
    - ▪ <u>Lieu</u> : La *plage*
    - ▪ <u>Action</u> : Transformer en *Tableau*
  - o <u>(2) Sélectionner le lieu</u> : La plage
    - ▪ <u>Méthode 1</u> : Pointeur de souris ⊹
  - o <u>(3) Faire l'action</u> : Transformer en *Tableau*
    - ▪ <u>Méthode 4</u> : Par le ruban permanent
      - • Accueil
      - • Mettre sous forme de *Tableau*
      - • Choix du *style*
  - o <u>(4) Option d'action</u>
    - ▪ <u>Avant fin de l'action</u> : Boîte de dialogue
      - • Cocher *Mon* ***Tableau*** *comporte des en-têtes*
- ➢ Renommer le *Tableau* (Mode opératoire : MOP001)
  - o <u>(1) Consigne</u> : Renommer le *Tableau*
    - ▪ <u>Lieu</u> : Le *Tableau*
    - ▪ <u>Action</u> : Renommer
  - o <u>(2) Sélectionner le lieu</u> : Le *Tableau*
    - ▪ <u>Méthode 1</u> : Pointeur de souris ⊹
  - o <u>(3) Faire l'action</u> : Renommer
    - ▪ <u>Méthode 3</u> : Par le ruban temporaire
      - • Outil de *Tableau* / Création
      - • Nom du *Tableau*

Demande : Ecrire la *formule* du Total TTC

Procédure : PRD002 – Les formules
- ➢ Formuler sous forme mathématique
  - o Total TTC = Total HT * (1 + Taux)

- ➢ Ecrire = (égal) , puis dans l'ordre de la formulation
  - o Une valeur demandée ? : Oui → Total HT
  - o La valeur est sélectionnable ? : Oui → La sélectionner
  - o Des signes sont demandés ? : Oui → * (1 +
  - o Une valeur est demandée ? : Oui → Taux
  - o La valeur est sélectionnable ? : Non → Utiliser une fonction (INS002)

Instruction : INS002 – Retrouver une fonction
- ➢ Formuler la définition de la fonction recherchée
  - o Choisir une valeur en fonction de son numéro
- ➢ Trouver la bibliothèque correspondante dans le ruban formule
  - o Recherche et Référence
- ➢ Glisser la souris sur le nom de chaque fonction de la bibliothèque choisie
  - o CHOISIR : Choisit une valeur … dans une liste de valeurs en fonction d'un numéro d'index
- ➢ Poursuivre la procédure PRD002 en écrivant les 3 premières lettres de CHOISIR, et double-clic dessus.

Procédure : PRD002 – Les formules
  - o Une valeur est demandée ? : Oui → no_index
  - o La valeur est sélectionnable ? : Oui → La sélectionner
  - o Un signe est demandé ? : Oui → ;
  - o Une valeur est demandée ? : Oui → valeur1
  - o La valeur est sélectionnable ? : Oui → La sélectionner
  - o Un signe est demandé ? : Oui → ;
  - o Une valeur est demandée ? : Oui → valeur2
  - o La valeur est sélectionnable ? : Oui → La sélectionner
  - o Un signe est demandée ? : Oui →)
  - o Un signe est demandée ? : Oui →)
- ➢ Taper sur **Entrée**

5.4 Créer un Tableau Croisé Dynamique

Préparation : Construire une source de données (*Cf 7.1.2*) avec 3 colonnes et 20 lignes, nommée <u>TabSource</u> :

- <u>Vendeur</u> : Pierre, Paul et Jacques
- <u>Client</u> : Boucher, Charcutier et Boucher
- <u>CA</u> : Entre 50 et 250

Demande : Faire un *Tableau Croisé Dynamique* sur la même *feuille*, permettant de voir le <u>CA</u> par <u>Vendeur</u>.

Procédure : PRD010 – Le *Tableau Croisé Dynamique*

- ➢ Créer un *Tableau Croisé Dynamique* (Mode opératoire : MOP001)
  - o <u>(1) Consigne</u> : Faire un *Tableau Croisé Dynamique* sur la même *feuille*, permettant de voir le <u>CA</u> par <u>Vendeur</u>.
    - ▪ <u>Lieu</u> : La même *feuille*
    - ▪ <u>Action</u> : Faire un *Tableau Croisé Dynamique*, permettant de voir le <u>CA</u> par <u>Vendeur</u>
  - o <u>(2) Sélectionner le lieu</u> : La même *feuille*
    - ▪ <u>Méthode 1</u> : Pointeur de souris ⊹
  - o <u>(3) Faire l'action</u> : Faire un *Tableau Croisé Dynamique*
    - ▪ <u>Méthode 4</u> : Par le ruban permanent
      - • Insertion
      - • *Tableau Croisé Dynamique*
  - o <u>(4) Option d'action</u>
    - ▪ <u>Avant fin de l'action</u> : Boîte de dialogue
      - • Tableau/Plage : TabSource
- ➢ Positionner les champs en les glissant
  - o <u>Vendeur</u> en **Lignes** et <u>CA</u> en **Σ Valeur**

5.5 Créer un graphique

Préparation : Reprendre le *Tableau Croisé Dynamique* créé au *chapitre 5.4*, puis glisser le *champ* Client en Colonnes

Demande : Créer un *graphique* représentant le CA par Client et Vendeur

Procédure : PRD011 – Créer un *graphique* à partir du *Tableau Croisé Dynamique*
- ➤ Choix du type de *graphique* : Histogramme
- ➤ Insérer un *graphique* (Mode opératoire : MOP001)
  - o (1) Consigne : Insérer un graphique à partir du *Tableau Croisé Dynamique*
    - ▪ Lieu : Le *Tableau Croisé Dynamique*
    - ▪ Action : Insérer un *graphique* (*histogramme*)
  - o (2) Sélectionner le lieu : Le *Tableau Croisé Dynamique*
    - ▪ Méthode 1 : Pointeur de souris ⊕
  - o (3) Faire l'action : Insérer un *graphique* (*histogramme*)
    - ▪ Méthode 4 : Par le ruban permanent
      - • Insertion
      - • *Graphique*
      - • *Histogramme*
- ➤ La source est un *Tableau* ? : Non
- ➤ L'abscisse et la légende sont bien placées ? : Non → Bouger les *champs* dans le *Tableau Croisé Dynamique*

6 Glossaire

Abscisse : Axe horizontal sur un *graphique*.

Absolu : Une référence absolue est une référence qui ne va pas être modifiée lors d'une phase de recopie. La manière la plus ancienne et la plus efficace de réaliser de l'absolu, consiste à nommer la *cellule* concernée (*voir la PRD001b*). Vous verrez parfois des personnes utiliser des $ devant la ligne ou (et) la colonne de la référence de la *cellule* pour réaliser la même chose.

Alignement : Il s'agit du positionnement de ce qui est inscrit dans une *cellule* (gauche, centré ou droite). A n'utiliser que pour les titres et non les valeurs comme précisé dans la définition de *Type de données*.

Application : Il s'agit du logiciel qui permet d'ouvrir, de modifier un fichier. Word, Excel et Powerpoint sont des applications.

Bordure : Représente le contour dessiné des *cellules*.

Cellule : Il s'agit de chacune des cases de la *feuille*. Elles sont repérées par leurs coordonnées : B12 où B est la colonne et 12 la ligne *! Attention B12 n'est pas le nom de la cellule !*

Champ : Nom donner aux titres dans un *Tableau* ou un *Tableau Croisé Dynamique*.

Classeur : Il s'agit du fichier Excel (*et non l'application Excel*). Nous trouvons parfois le terme de Feuille de Calcul.

Disposition : Dans un *Tableau Croisé Dynamique*, mise en forme permettant de définir comment les *champs* seront positionnés.

Dossier : Connu également sous le nom de répertoire, il s'agit du lieu où sont enregistrés les fichiers ou les applications.

Extension : Il s'agit des 3 ou 4 lettres situées à la fin du nom d'un fichier, précédées d'un point (.). Pour les classeurs Excel il en existe plusieurs dont les principales sont : .xlsx ou .xlsm ; pour Word : .doc et docx ; pour PowerPoint : .ppt et .pptx

Le rôle de l'extension est de permettre à Windows de savoir quelle application il doit utiliser pour ouvrir le dit fichier.

Feuille : Il s'agit de chacun des onglets du classeur. Nous pouvons avoir un maximum de 1 024 feuilles par classeur. Chaque feuille possède un maximum de 16 384 colonnes et 1 048 576 lignes.

Fichier : Il s'agit du document qu'une application permet d'ouvrir, de modifier. S'agissant d'Excel, le fichier se nomme un ***Classeur*** (ou Feuille de Calcul) ; Word, un Document ; PowerPoint, une Présentation.

Filtre : Fonctionnalité permettant d'afficher ou de cacher des lignes d'une ***Plage***, d'un ***Tableau*** ou d'un ***Tableau Croisé Dynamique***, au travers d'un critère.

Fonction : Une fonction s'utilise dans une ***formule*** afin de faciliter un calcul soit complexe, soit fastidieux.

Formule : Permet à l'utilisateur de créer un calcul et à Excel de le résoudre.

Graphique : Cet outil complémentaire du ***tableau croisé dynamique*** permet de faire apparaitre sous forme imagée des données, afin d'avoir une analyse plus rapide et plus simple.

Index : Ce terme apparait dans plusieurs arguments de ***fonctions***, il pourrait être traduit par position.

Matrice : Ce terme apparait dans quelques fonctions comme RechercheV, il désigne l'ensemble du ***Tableau*** ou de la ***Plage***, mais sans les titres (donc uniquement les données).

Mise en forme conditionnelle : Mise en forme appliquée sous certaines conditions

Nommage : Afin de n'avoir aucun soucis de compatibilité pour le nommage des *Cellules*, *Plages*, *Tableaux*, *Tableaux Croisés Dynamiques* ou *Feuille*, il est conseillé de respecter les règles suivantes :

- N'utiliser que les 26 lettres de l'alphabet (ni espace, ni caractères spéciaux),
- N'utiliser des chiffres que s'il y a au moins déjà 4 lettres (afin d'éviter de donner comme nom une référence de *cellule*),
- Ecrire tout en minuscule sauf la première lettre de chaque mot.

Ordonnée : Axe vertical sur un *graphique*.

Plage : Il s'agit de l'ensemble des *cellules* qui se touchent dans lesquelles il y a du contenu. La plage est forcément de forme rectangulaire.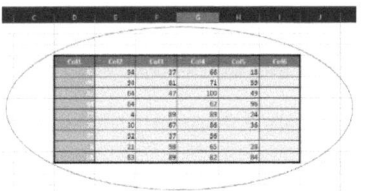

La plage est parfois confondue avec la *Feuille*. La *Feuille* est le lieu où nous pouvons créer des plages.

Poignée de recopie : Petit carré gris situé en bas à droite d'une *cellule* ou d'une *plage* permet de recopier.

Police : Désigne le type de topologie de caractère, exemple : *Calibri* ou *Times New Roman*.

Protection : Permet de définir si une cellule est accessible lorsque sa feuille est protégée.

Règle : Nom donné à une *mise en forme conditionnelle*

Relatif : Par opposition à une référence *absolue*, une référence relative varie lors d'une phase de recopie.

Remplissage : Désigne le fond d'une cellule et la manière de la remplir : *Motif* et *couleur*.

Requêteur : Le requêteur est apparu avec office 2013, son nom est *Power Query*, il s'agit d'un complément d'Excel permettant de relier une source de données externe (*Excel, csv, texte, …*) à notre propre source, directement sous la forme d'un *Tableau*. *Power Query* joue le rôle d'interface entre l'extérieur et votre propre fichier Excel en proposant notamment d'enregistrer des étapes de transformation (Suppression de superflus, réorganisation de colonnes, modification des *types de données*, …). En conséquence, si les données de la source externe sont modifiées, le résultat s'affichera comme souhaité dans notre fichier Excel par une simple actualisation.

Segment : Cet outil de filtrage est accessible pour un *Tableau* ou un *Tableau Croisé Dynamique*. Il permet de filtrer au travers d'une fenêtre indépendante, au lieu du filtre classique.

Signe des formules et fonctions : Désigne l'ensemble des caractères utilisables dans une formule ou une fonction.

Formule Numérique :
- Les 4 opérations : + - / *
- Les autres : () % ^ (*ce dernier permet de mettre à la puissance, exemple : 3^2 s'écrit 3^2*)

Formule Texte :
- Esperluette : & qui permet de « *coller* » entre eux des morceaux de texte.

- Les "" qui permettent d'utiliser des caractères dans une *formule*.

Fonction :
- ; (*Séparateur des arguments dans une fonction*)
- > = < (*Signes de comparaison dans une condition ou **Test Logique***)

Style : Ensemble de caractéristiques de mise en forme (police, taille de police, couleur etc.) que vous pouvez appliquer à un *Tableau* ou un *Tableau Croisé Dynamique* afin de modifier rapidement leur aspect.

Tableau : Il est très méconnu, très certainement parce que nous sommes persuadés faire des tableaux depuis des années, alors qu'en réalité il s'agissait de *plages* avec de la mise en forme. Le Tableau est arrivé avec la version 2007 et a révolutionné l'utilisation d'Excel.
Voici la liste de ces nombreux avantages :
- *La mise en forme est dynamique* : Au fur et à mesure que le tableau s'agrandi, la mise en forme se met automatiquement. Cela reste vrai pour les formats Nombre et la mise en forme conditionnelle.
- *Les formules sont en littéraire* : Contrairement aux *formules* écrites dans une *plage* avec des coordonnées (*ex : B12*), ce sont les noms des colonnes qui apparaissent (*ex : [Total HT]*)
- *La sélection est simplifiée* : Trois pointeurs de souris permettent de sélectionner soit une colonne, une ligne ou l'ensemble des données. (*Cf. Chapitre 4*)
- *Les titres sont constamment visibles* : Plus besoin de figer les volets, lorsque nous descendons vers le bas du tableau, les titres se mettent en lieu et place des lettres des colonnes de la *feuille*.
- *Le Tableau possède un nom* : L'avantage est qu'il porte constamment le même nom, même s'il s'agrandit et c'est ce

même nom que nous utiliserons comme source pour un *Tableau Croisé Dynamique* ou un *Graphique*.

Tableau Croisé Dynamique : Il permet de présenter différemment les données d'une source (*Tableau ou Plage*) en réalisant tous types d'analyses ou de calculs.

Test Logique : Ce terme apparait dans plusieurs arguments de *fonctions*, il pourrait être traduit par Condition. Il est forcément constitué des 3 termes : Un comparé, un comparateur et un comparant (exemple : C12 > 15).

Thème : Il permet de définir les différentes couleurs, polices et effets d'objet dans un fichier Office (aussi bien Excel, Word que PowerPoint).

Tri : Fonctionnalité permettant de ranger les lignes d'une *Plage*, d'un *Tableau* ou d'un Tableau Croisé Dynamique, sur une ou plusieurs colonnes, par ordre alphabétique, numérique ou chronologique.

Type de données : La confusion la plus répandue sur Excel est très certainement due à la non-connaissance du terme de type de donnée, souvent confondu avec le format de donnée (*couleur, alignement, format nombre, etc...*).
Le type de donnée pour Excel est l'équivalent du genre pour l'être humain et le format de donnée l'équivalent de la façon de s'habiller.
Bien entendu le type de donnée n'est ni masculin ni féminin, mais *Texte* et *Numérique*.
Comme cette information n'est inscrite nulle part dans les différents menus, la seule manière de connaitre le type de donnée d'une valeur écrite dans une cellule, c'est l'alignement naturelle, c'est-à-dire celui par défaut.
Texte aligné à gauche
La raison en est tout simple et logique : nous lisons de gauche à droite.

Numérique aligné à droite

La raison en est tout simple et logique :
Lorsque nous voulons comparer des chiffres
nous les mettons les uns sous les autres en les
alignant à droite.

Bonjour	
	123,45

⚠ Ce n'est pas parce que je vois du texte que je suis du **texte** ou **numérique** parce que je vois des chiffres.

Il ne faut donc jamais toucher à l'alignement des données. L'alignement est du format, il ne doit être utilisé que pour les titres.

7 Annexes

7.1 Création de base de données

Le principe de cet annexe est de vous aider à construire une plage de données rapidement et aléatoirement.

Pour cela nous allons pouvoir utiliser 3 formules « Magiques » permettant pour l'une d'entre-elles d'afficher au hasard une série de valeur numérique, pour la 2e une série de date, pour la dernière une série de valeur textuelle.

7.1.1 Formules magiques

7.1.1.1 *Valeurs numériques aléatoires*
La formule utilise la fonction ALEA.ENTRE.BORNES(Min ;Max) où Min est la plus petite valeur et Max la plus grande. Son rôle est de choisir une valeur au hasard entre ces deux bornes.

Formule : =ALEA.ENTRE.BORNES(***Valeur basse*** ;***Valeur haute***)

Exemple : =ALEA.ENTRE.BORNES(***50*** ;***200***) – Affiche une valeur au hasard entre 50 et 200

7.1.1.2 *Dates aléatoires*
La formule utilise la fonction ALEA.ENTRE.BORNES(Min ;Max) où Min est la plus petite valeur et Max la plus grande. Son rôle est de choisir une valeur au hasard entre ces deux bornes. Comme une date est bien une valeur numérique, en lieu et place de Min et Max nous utilisons une fonction capable de convertir une date : DATE(Année ;Mois ;Jour) où Année, Mois et Jour sont sous forme numérique.

Formule : =ALEA.ENTRE.BORNES(DATE(***Année Date Basse*** ; ***Mois Date Basse*** ; ***Jour Date Basse***) ; DATE(***Année Date Haute*** ; ***Mois Date Haute*** ; ***Jour Date Haute***))

Exemple : =ALEA.ENTRE.BORNES(DATE(***2012*** ; ***1*** ; ***1***) ; DATE(2012 ; ***12*** ; ***31***)) – Affiche une date au hasard entre le 01/01/2012 et le 31/12/2012

OPTION Inversion des dates

Reprendre la formule précédente et l'intégrer dans la fonction TEXTE(Valeur, Format Texte) qui permet d'attribuer un format à une valeur.

Formule : =TEXTE(ALEA.ENTRE.BORNES(DATE(**Année Date Basse** ; **Mois Date Basse** ; **Jour Date Basse**) ; DATE(**Année Date Haute** ; **Mois Date Haute** ; **Jour Date Haute**)) ; ''mm/jj/aaaa'')

7.1.1.3   *Valeurs textuelles aléatoires*

La formule utilise la fonction ALEA.ENTRE.BORNES(Min ;Max) où Min est la plus petite valeur et max la plus grande. Son rôle ici sera de choisir parmi plusieurs valeurs textuelles. Min sera toujours égale à 1 et Max sera également au nombre de choix. La deuxième fonction permet de choisir parmi plusieurs valeur CHOISIR(noIndex ;valeur1 ;[valeur2] ;...) où no-index est le numéro de la valeur choisie et valeur1, valeur2 sont les différentes valeurs.

Attention les valeurs doivent s'écrire entre guillemets car il s'agit de valeurs textuelles.

Formule : =CHOISIR(ALEA.ENTRE.BORNES(**1** ;**Nombre de valeurs**) ;**Choix1** ;**Choix2** ;**...**)

Exemple : =CHOISIR(ALEA.ENTRE.BORNES(**1** ;**3**) ; **"Pierre"**; **"Paul"**; **"Jacques"**) – Affiche l'un des prénoms au hasard

7.1.2   Construction de la source de données

1. Ecrire les titres des colonnes
2. Mettre sous forme de tableau, et préciser son **nom**
   a. Se positionner sur la plage (*n'importe quelle cellule*)
   b. Dans le ruban *Accueil*, choisir *Mettre sous forme de Tableau*, puis le *style* qui nous intéresse.
   c. Dans la boîte de dialogue qui apparait, s'assurer que *Mon tableau comporte des en-têtes* en bien coché.

      d. Dans le ruban Temporaire *Création de Tableau* (Celui à droite des autres), changer son **nom**

3. Ecrire les formules dans les différentes colonnes (*Voir au-dessus*)
4. Pour la 1^{ière} colonne, utiliser la **poignée de recopie**, afin de créer le nombre de lignes nécessaires.
5. Sélectionner l'ensemble des formules puis copier et coller uniquement en valeur et format des nombres.
      a. Utiliser le pointeur de souris pour sélectionner la **Matrice** (*Cf 4.2.2.1*)
      b. Ctrl + C (*Copier*)
      c. Clic-droit sur la sélection existante, puis *Collage spécial*, puis *Valeur et Format des nombres*, puis *Ok*.

7.1.3 Construction de la BaseIncorrecte

1. Créer un nouveau **Classeur**, et le nommer BaseIncorrecte
2. A partir de A1 et horizontalement, écrire les titres : Date, Produit, Tarif unitaire
3. Transformer en **Tableau** en l'appelant *SourceIncorrecte*
4. A l'aide du chapitre **Dates aléatoires** (*Cf 7.1.1.2*), écrire une formule pour avoir une date entre le 01/01/2019 et le 31/12/2019, en A2. Prendre l'**option inversion des dates**
5. A l'aide du chapitre **Valeurs textuelles aléatoires** (*Cf 7.1.1.3*), écrire une formule pour avoir un produit entre Pomme, Banane et Cerise
6. A l'aide du chapitre **Valeurs numériques aléatoires** (*Cf 7.1.1.1*), écrire une formule pour avoir un tarif entre 10 et 100
7. A l'aide de la **Poignée de recopie**, recopier la **formule** de la première colonne sur une vingtaine de lignes
8. Copier et Coller uniquement en Valeur et Format des nombres.

a. Utiliser le pointeur de souris pour sélectionner la **Matrice** (*Cf 4.2.2.1*)
b. **Ctrl** + **C** (*Copier*)
c. Clic-droit sur la sélection existante, puis *Collage spécial*, puis *Valeur et Format des nombres*, puis *Ok*.

Table des matières